Impressum
Verlag: BABADADA GmbH, Nedderfeld 112 , 22529 Hamburg
Geschäftsführer / Verlagsleitung: Harald Hof
Druck: Books on Demand GmbH, In de Tarpen 42, 22848 Norderstedt

Imprint
Publisher: BABADADA GmbH, Nedderfeld 112 , 22529 Hamburg, Germany
Managing Director / Publishing direction: Harald Hof
Print: Books on Demand GmbH, In de Tarpen 42, 22848 Norderstedt, Germany

escola
škola

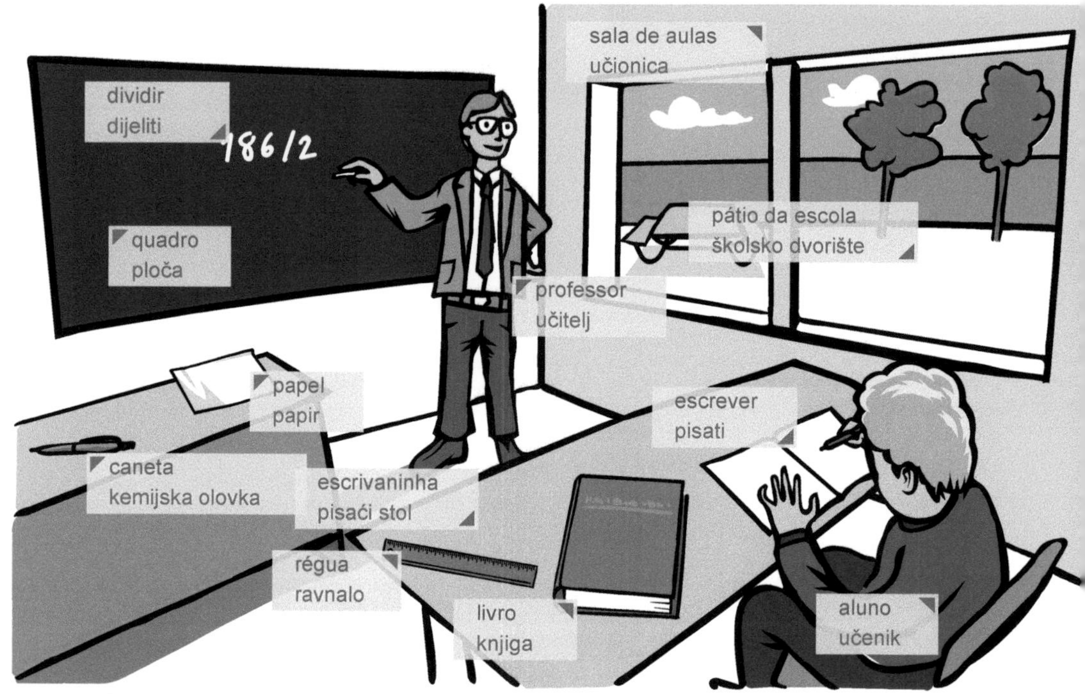

sala de aulas
učionica
dividir
dijeliti
186/2
quadro
ploča
pátio da escola
školsko dvorište
professor
učitelj
papel
papir
escrever
pisati
caneta
kemijska olovka
escrivaninha
pisaći stol
régua
ravnalo
livro
knjiga
aluno
učenik

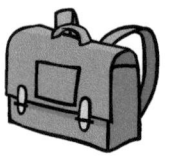

sacola
torba

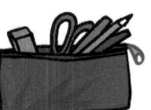

estojo de lápis
pernica

lápis
grafitna olovka

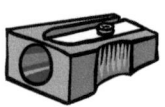

apontador de lápis
šiljilo za olovke

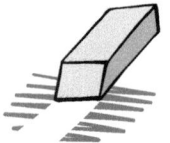

borracha
gumica za brisanje

bloco de desenho
blok za crtanje

desenho
crtež

pincel
kist

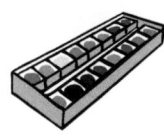

estojo de tintas
kutija s bojama

tesoura
makaze

cola
ljepilo

livro de exercícios
bilježnica

lição de casa
domaći zadatak

número
broj

somar
sabirati

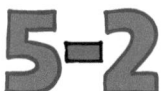

subtrair
oduzimati

multiplicar
množiti

calcular
računati

letra
slovo

alfabeto
abeceda

palavra
riječ

texto

tekst

ler

čitati

giz

kreda

hora

sat

registro da classe

dnevnik

exame

ispit

certificado

svjedodžba

uniforme escolar

školska uniforma

educação

obrazovanje

enciclopédia

leksikon

universidade

sveučilište

microscópio

mikroskop

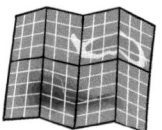

mapa

karta

cesto de lixo

košara za papir

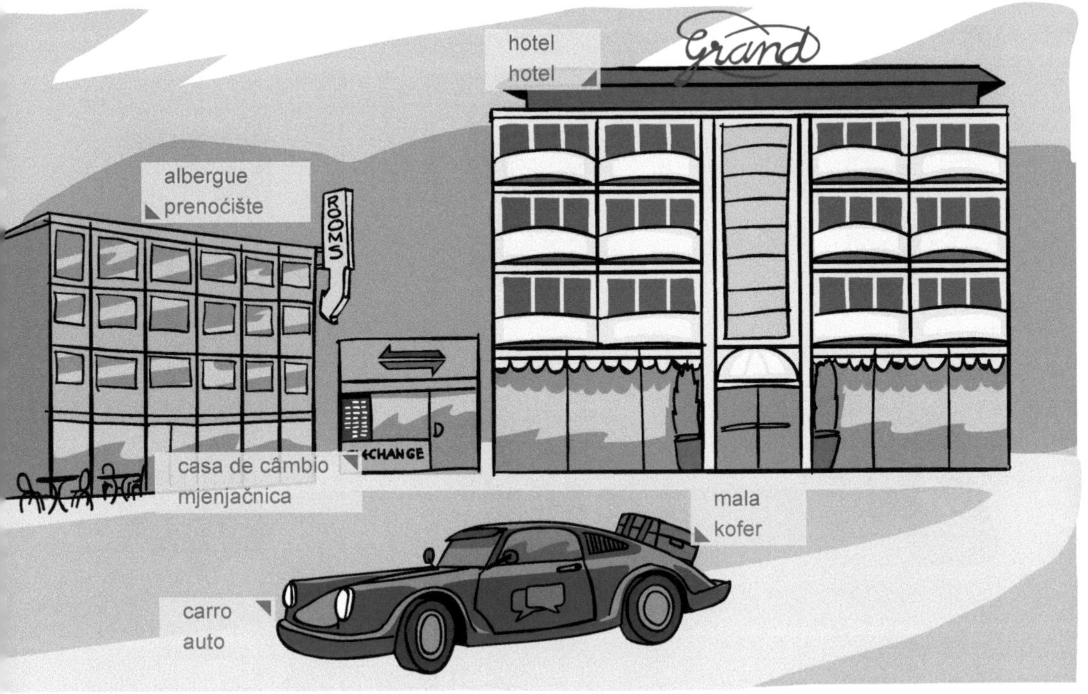
hotel
hotel
Grand
albergue
prenoćište
ROOMS
EXCHANGE
casa de câmbio
mjenjačnica
mala
kofer
carro
auto

idioma

jezik

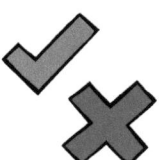

sim / não

da / ne

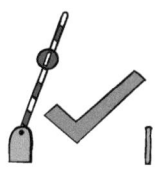

ok

okay

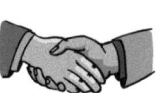

Olá

zdravo

tradutor

prevoditelj

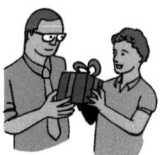

obrigado

hvala

quanto custa...?

Koliko košta...?

eu não entendo

ne razumijem

problema

problem

boa noite!

dobro veče!

Bom dia!

Dobro jutro!

Boa noite!

Laku noć!

até logo

doviđenja

direção

smjer

bagagem

prtljaga

bolsa

torba

mochila

ruksak

convidado

gost

quarto

soba

saco de dormir

vreća za spavanje

barraca

šator

informação turística

turističke informacije

praia

plaža

cartão de crédito

kreditna kartica

café da manhã

doručak

almoço

ručak

jantar

večera

bilhete

karta za vožnju

elevador

dizalo

selo

poštanska markica

fronteira

granica

alfândega

carina

embaixada

ambasada

visto

viza

passaporte

putovnica

transporte
transport

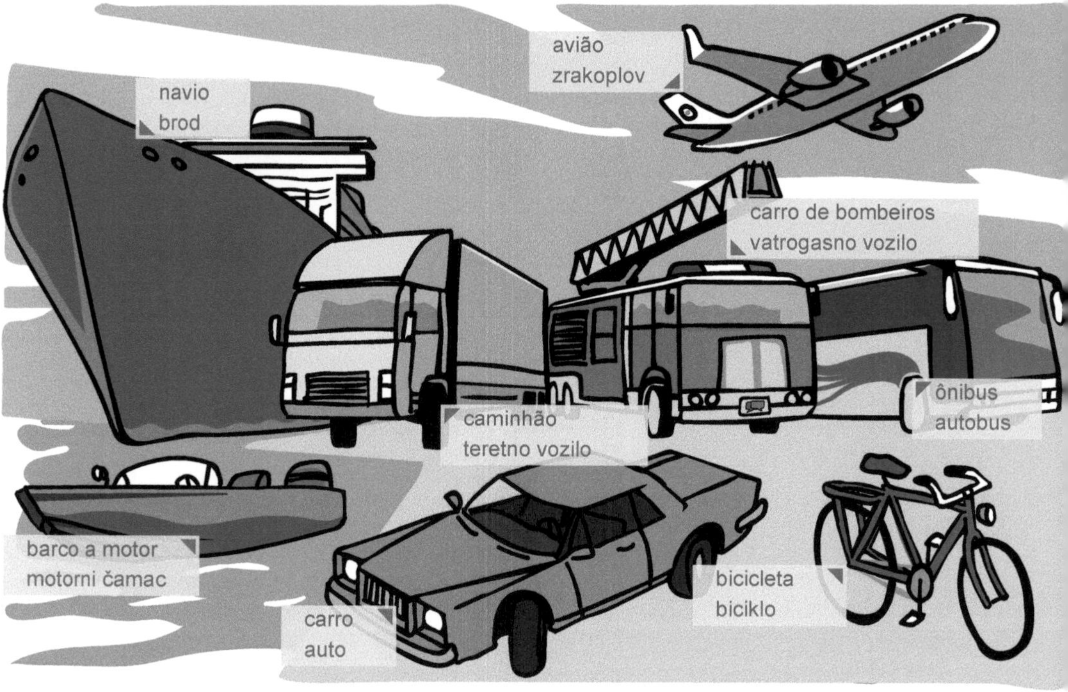

navio
brod
avião
zrakoplov
carro de bombeiros
vatrogasno vozilo
caminhão
teretno vozilo
ônibus
autobus
barco a motor
motorni čamac
carro
auto
bicicleta
biciklo

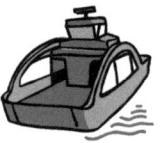

balsa

trajekt

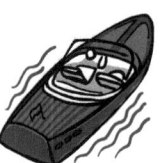

barco

čamac

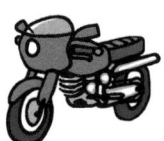

motocicleta

motocikl

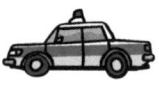

veículo policial

policijski auto

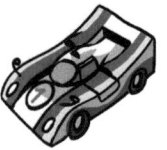

carro de corrida

trkaći auto

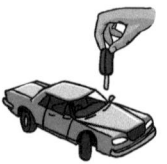

carro de aluguel

iznajmljeno auto

compartilhamento de automóvel

dijeljenje automobila

caminhão de reboque

vučno vozilo

caminhão de lixo

vozilo za odvoz smeća

motor

motor

combustível

benzin

posto de gasolina

benzinska postaja

placa de trânsito

prometni znak

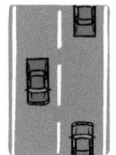

trânsito

promet

trânsito lento

zastoj

estacionamento

parkiralište

estação de trem

kolodvor

trilhos

šine

trem

vlak

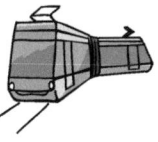

bonde

tramvaj

vagão

vagon

helicóptero

helikopter

aeroporto

zrakoplovna luka

torre

toranj

passageiro

putnik

contêiner

kontejner

cartolina

karton

carroça

kolica

cesto

košara

decolar / pousar

uzletjeti / sletjeti

cidade
grad

vilarejo

selo

centro da cidade

centar grada

casa

kuća

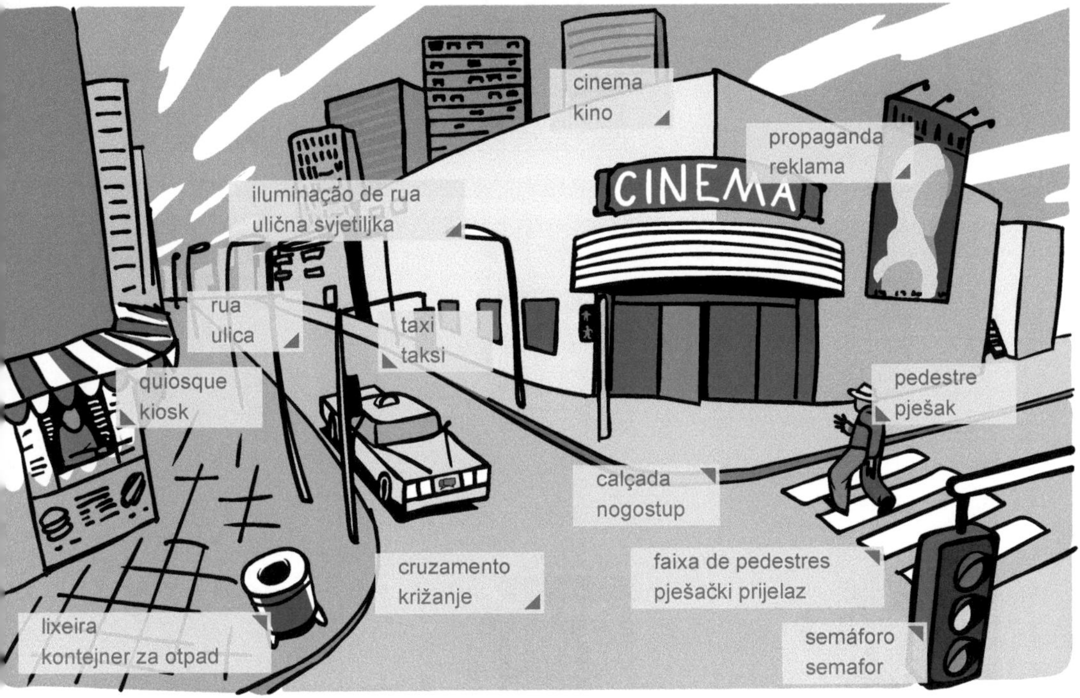

cinema
kino

propaganda
reklama

iluminação de rua
ulična svjetiljka

CINEMA

rua
ulica

taxi
taksi

pedestre
pješak

quiosque
kiosk

calçada
nogostup

cruzamento
križanje

faixa de pedestres
pješački prijelaz

lixeira
kontejner za otpad

semáforo
semafor

cabana

koliba

apartamento

stan

estação de trem

kolodvor

prefeitura

vijećnica

museu

muzej

escola

škola

cidade - grad

universidade

sveučilište

banco

banka

hospital

bolnica

hotel

hotel

farmácia

ljekarna

escritório

ured

livraria

knjižara

loja

prodavaonica

floricultura

cvjećara

supermercado

supermarket

mercado

trg

loja de departamentos

robna kuća

peixaria

ribarnica

centro comercial

trgovački centar

porto

luka

parque

park

banco

klupa

ponte

most

escadas

stepenice

metrô

podzemna željeznica

túnel

tunel

ponto de ônibus

autobusna stanica

bar

bar

restaurante

restoran

caixa de correspondência

poštansko sanduče

placa de rua

ulični znak

parquímetro

parkirni sat

zoológico

zoološki vrt

piscina

bazen

mesquita

džamija

fazenda
seosko gazdinstvo

poluição
zagađenje okoliša

cemitério
groblje

igreja
crkva

parquinho
igralište

templo
hram

paisagem
krajolik

folha
list

placa de sinalização
putokaz

caminho
put

gramado
livada

pedra
kamen

árvore
drvo

caminhantes
šetač

rio
rijeka

grama
trava

flor
cvijet

vale
....
dolina

montanha
....
planina

lago
....
jezero

floresta
....
šuma

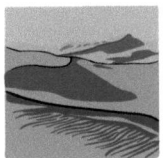

deserto
....
pustinja

vulcão
....
vulkan

castelo
....
dvorac

arco-íris
....
duga

cogumelo
....
gljiva

palmeira
....
palma

mosquito
....
moskito

mosca
....
muha

formiga
....
mrav

abelha
....
pčela

aranha
....
pauk

besouro

buba

sapo

žaba

esquilo

vjeverica

ouriço

jež

lebre

zec

coruja

sova

pássaro

ptica

cisne

labud

javali

divlja svinja

veado

jelen

alce

los

barragem

nasip

aerogerador

vjetrenjača

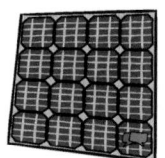

painel solar

solarna ploča

clima

klima

restaurante

restoran

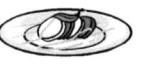

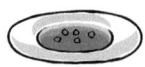

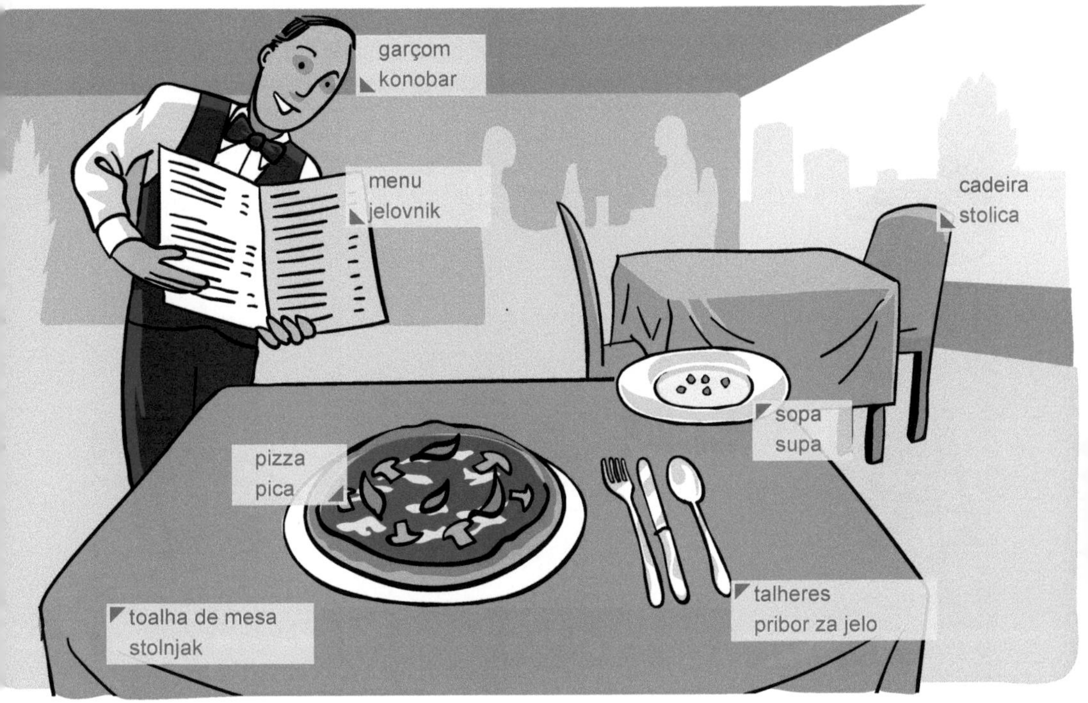

garçom
konobar
menu
jelovnik
cadeira
stolica
sopa
supa
pizza
pica
toalha de mesa
stolnjak
talheres
pribor za jelo

entrada
predjelo

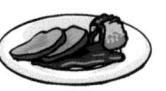

prato principal
glavno jelo

sobremesa
desert

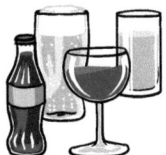

bebidas
napitci

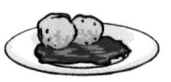

comida
jelo

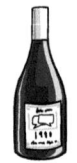

garrafa
boca

fastfood

fastfood

comida de rua

imbis hrana

bule de chá

čajnik

açucareiro

doza za šećer

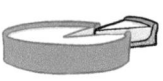

porção

porcija

máquina de expresso

aparat za espresso

cadeirão

visoka stolica

conta

račun

bandeja

pladanj

faca

nož

garfo

vilica

colher

žlica

colher de chá

čajna žlica

guardanapo

ubrus

copo

čaša

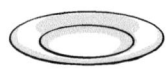

prato
tanjur

prato de sopa
tanjur za supu

pires
tanjurić

molho
sos

saleiro
soljenka

moedor de pimenta
mlin za biber

vinagre
ocat

óleo
ulje

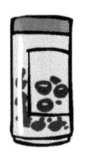

especiarias
začini

ketchup
kečap

mostarda
senf

maionese
majoneza

supermercado
supermarket

oferta especial
ponuda
FOR
cliente
kupac
laticínios
mliječni proizvodi
frutas
voće
carrinho de compras
kolica za kupnju

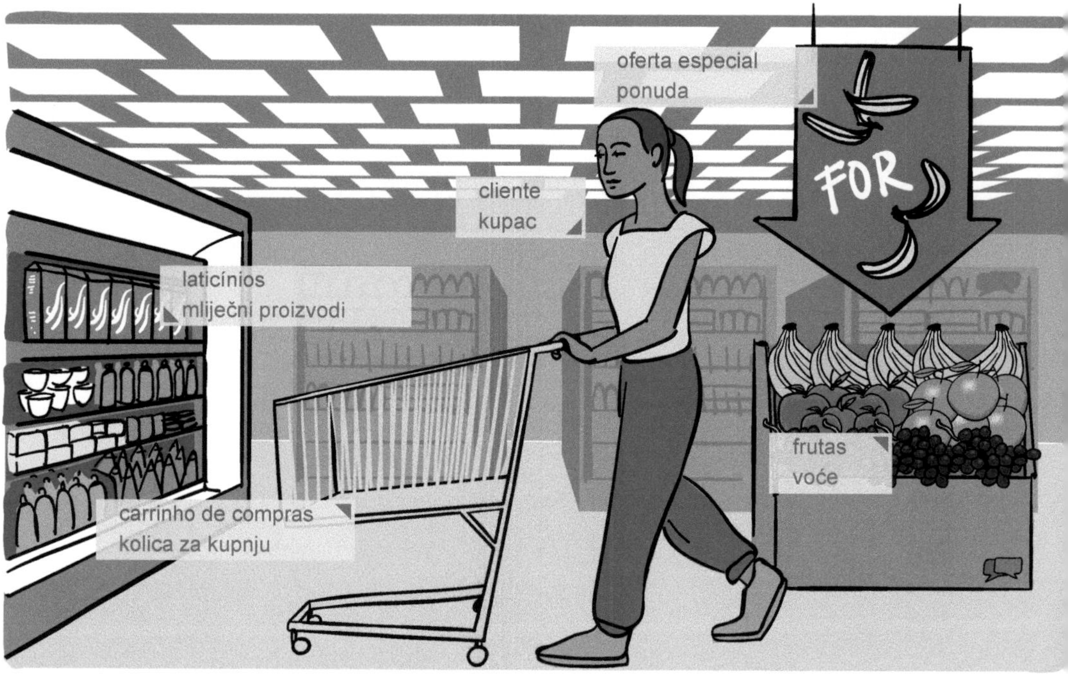

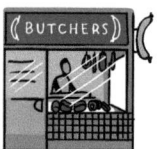

BUTCHERS

açougue

mesnica

BAKERY

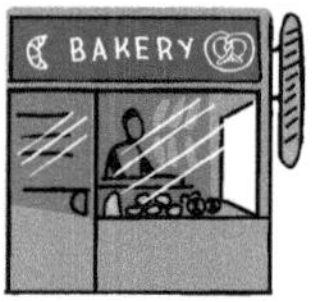

padaria

pekarnica

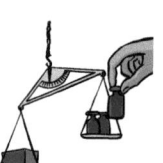

pesar

vagati

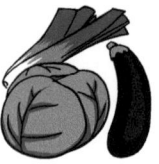

legumes

povrće

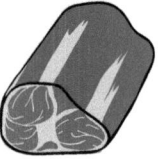

carne

meso

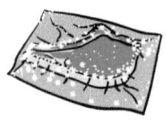

congelados

duboko smrznuta hrana

charcutaria
narezak

conservas
konzerve

detergente em pó
sredstvo za pranje

doces
slatkiši

artigos domésticos
artikli za domaćinstvo

produtos de limpeza
sredstva za čišćenje

vendedora
prodavačica

caixa
blagajna

caixa
blagajnik

lista de compras
lista za kupnju

horário de funcionamento
vrijeme rada

carteira
novčanik

cartão de crédito
kreditna kartica

sacola
torba

saco plástico
plastična vrećica

água
....
voda

suco
....
sok

leite
....
mlijeko

coca-cola
....
cola

vinho
....
vino

cerveja
....
pivo

álcool
....
alkohol

cacau
....
kakao

chá
....
čaj

café
....
kava

expresso
....
espresso

cappuccino
....
cappuccino

banana

banana

maçã

jabuka

laranja

naranča

melão

lubenica

limão

limun

cenoura

mrkva

alho

češnjak

bambu

bambus

cebola

luk

cogumelo

gljiva

nozes

orašasti plodovi

macarrão

rezanci

espaguete

špagete

arroz

riža

salada

salata

batatas fritas

pomfrit

batatas frias

pečeni krumpir

pizza

pica

hambúrger

hamburger

sanduíche

sendvič

escalope

šnicla

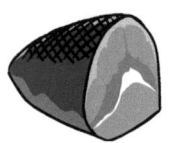

presunto

pršut

salame

salama

salsicha

kobasica

galinha

kokoš

assado

pečenje

peixe

riba

flocos de aveia

zobene pahuljice

granola

musli

flocos de milho

kukuruzne pahuljice

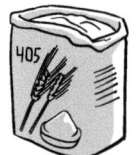

farinha

brašno

croissant

roščić

pãozinho

pecivo

pão

kruh

torrada

toast

biscoitos

keksi

manteiga

maslac

requeijão

svježi sir

bolo

kolač

ovo

jaje

ovo frito

jaje na oko

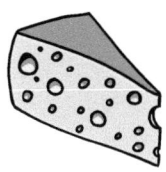

queijo

sir

sorvete

sladoled

açúcar

šećer

mel

med

geleia

marmelada

creme de avelãs

nugat krema

curry

curry

fazenda

seosko gazdinstvo

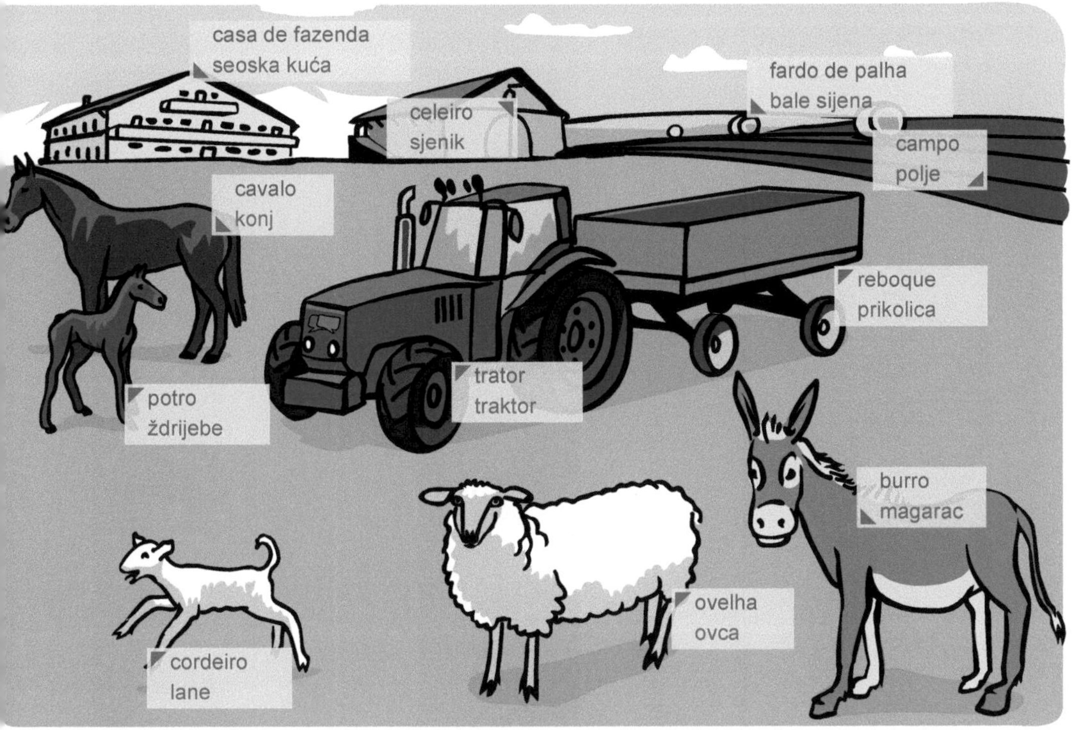
casa de fazenda
seoska kuća
celeiro
sjenik
fardo de palha
bale sijena
campo
polje
cavalo
konj
reboque
prikolica
trator
traktor
potro
ždrijebe
burro
magarac
ovelha
ovca
cordeiro
lane

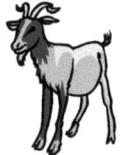

cabra

koza

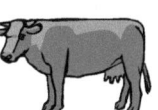

vaca

krava

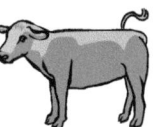

bezerro

tele

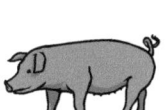

porco

svinja

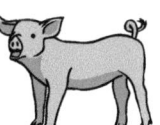

leitão

prase

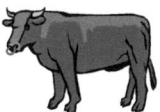

touro

bik

ganso

guska

pato

patka

pintinho

pilići

galinha

kokoš

galo

pijetao

ratazana

pacov

gato

mačka

camundongo

miš

boi

vol

cachorro

pas

casinha do cachorro

kućica za psa

mangueira de jardim

vrtno crijevo

regador

kanta za polijevanje

foice

kosa

arado

plug

foice
srp

enxada
motika

forquilha
vilica za gnojivo

machado
sjekira

carrinho de mão
tačke

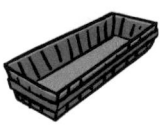

manjedoura
korito

jarra de leite
posuda za mlijeko

saco
vreća

cerca
ograda

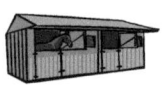

estábulo
štala

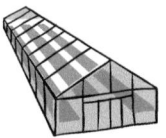

estufa
staklenik

solo
zemlja

semente
sjeme

fertilizante
gnojivo

colheitadeira
kombajn

colher

žanjati

colheita

žetva

inhame

yams začin

trigo

pšenica

soja

soja

batata

krumpir

milho

kukuruz

colza

uljana repica

árvore frutífera

voćka

mandioca

gomolj manioke

cereais

žitarice

casa
kuća

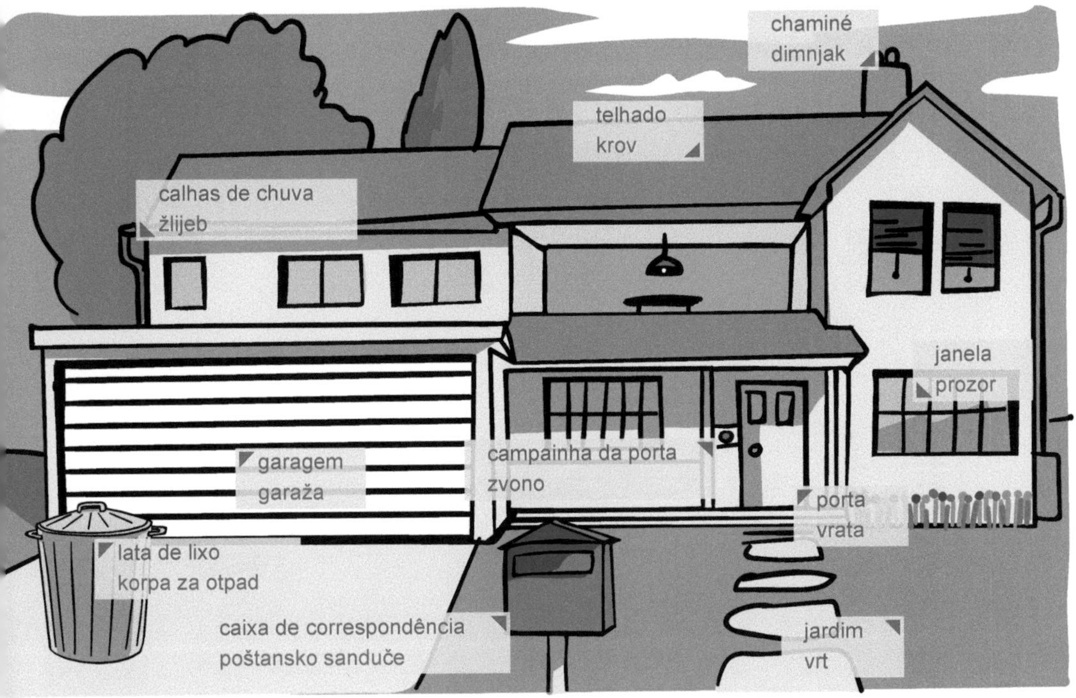
chaminé
dimnjak
telhado
krov
calhas de chuva
žlijeb
janela
prozor
garagem
garaža
campainha da porta
zvono
porta
vrata
lata de lixo
korpa za otpad
caixa de correspondência
poštansko sanduče
jardim
vrt

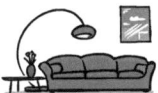

sala de estar
....
dnevna soba

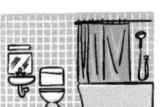

banheiro
....
kupaonica

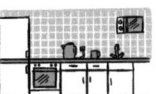

cozinha
....
kuhinja

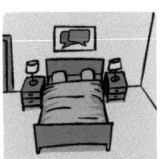

quarto de dormir
....
spavaća soba

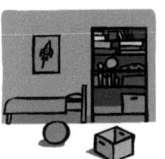

quarto de criança
....
dječija soba

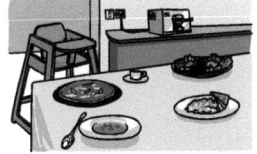

sala de jantar
....
trpezarija

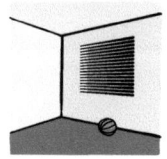

chão
pod

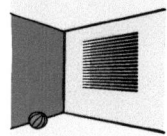

parede
zid

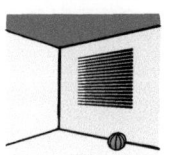

teto
strop

porão
podrum

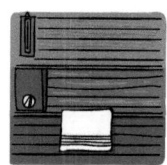

sauna
sauna

varanda
balkon

terraço
terasa

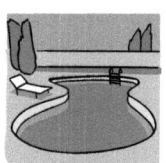

piscina
bazen

cortador de grama
kosilica za travu

lençol
posteljina za krevet

coberta
deka za krevet

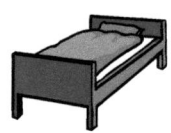

cama
krevet

vassoura
metla

balde
kanta

interruptor
sklopka

sala de estar
dnevna soba

papel de parede
tapeta
quadro
slika
lâmpada
svjetiljka
prateleira
regal
armário
ormar
televisão
televizija
lareira
kamin
flor
cvijet
travesseiro
jastuk
sofá
kauč
vaso
vaza
controle remoto
daljinski upravljač

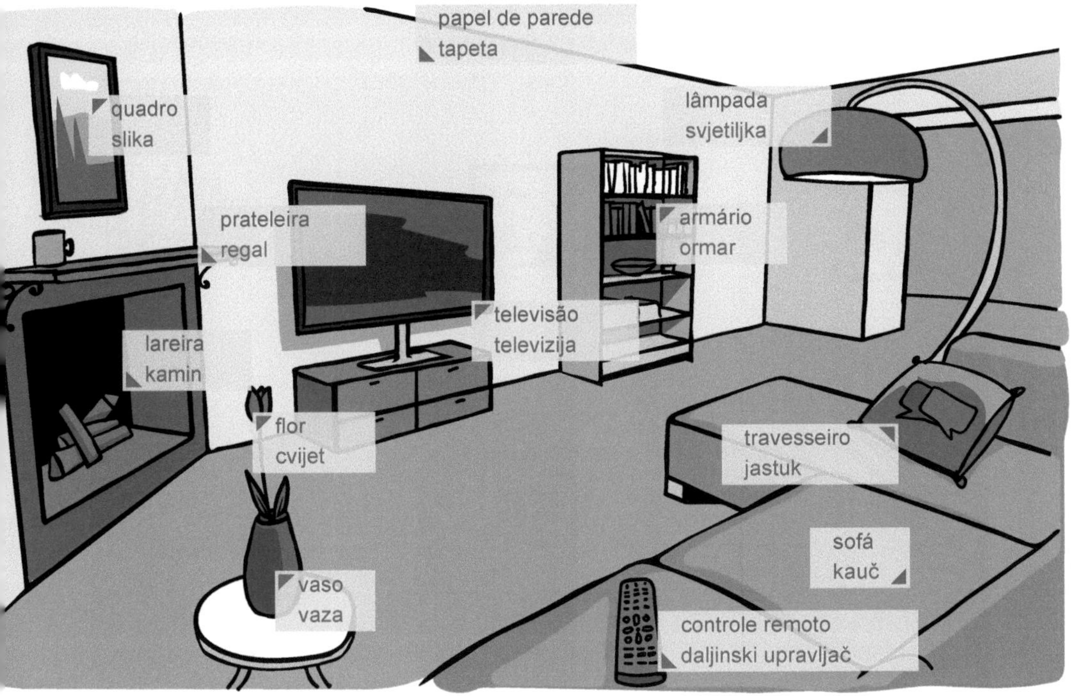

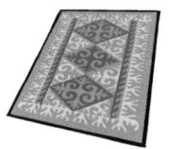

tapete
tepih

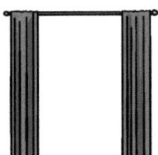

cortina
zavjesa

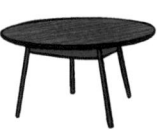

mesa
stol

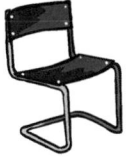

cadeira
stolica

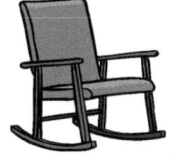

cadeira de balanço
stolica za njihanje

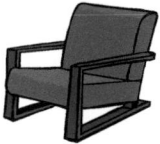

poltrona
fotelja

livro

knjiga

cobertor

deka

decoração

dekoracija

lenha

drvo za ogrjev

filme

film

equipamento de som

stereo uređaj

chave

ključ

jornal

novine

pintura

slika na platnu

pôster

poster

rádio

radio

bloco de notas

blok za pisanje

aspirador

usisavač

cacto

kaktus

vela

svijeća

cozinha
kuhinja

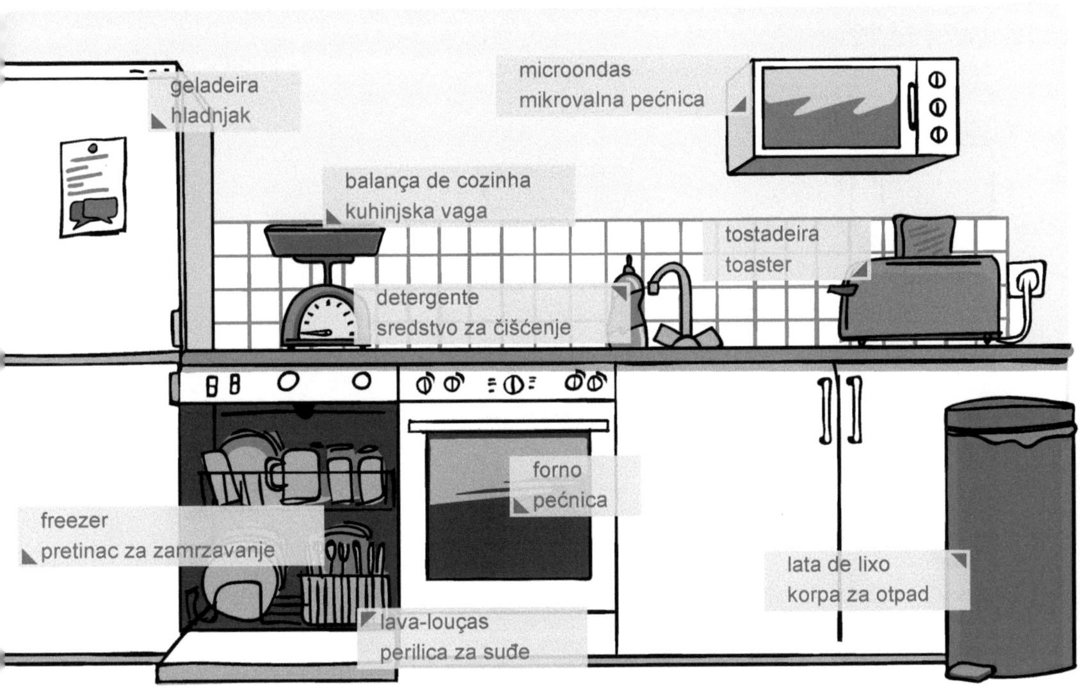

geladeira
hladnjak
microondas
mikrovalna pećnica
balança de cozinha
kuhinjska vaga
tostadeira
toaster
detergente
sredstvo za čišćenje
forno
pećnica
freezer
pretinac za zamrzavanje
lata de lixo
korpa za otpad
lava-louças
perilica za suđe

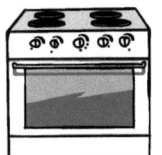

fogão
štednjak

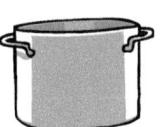

panela
lonac

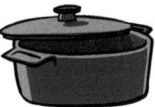

panela de ferro
željezni lonac

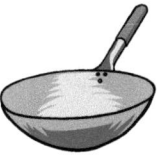

wok / kadai
wok / kadai

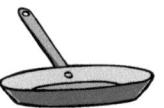

frigideira
tava

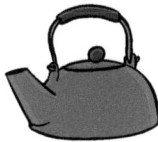

chaleira
kuhalo za vodu

panela a vapor

kuhalo na paru

tabuleiro de forno

lim za pečenje

louça

posuđe

caneca

čaša

caçarola

zdjela

hashi

štapići za jelo

concha de sopa

kutljača

espátula

lopatica

batedor

pjenjača

escorredor

sito za kuhanje

peneira

sito

ralador

ribež

almofariz

mužar

churrasqueira

roštilj

lareira

ognjište

36   cozinha - kuhinja

tábua de cortar
daska

rolo da massa
oklagija

saca-rolhas
vadičep

lata
konzerva

abridor de latas
otvarač konzervi

pegador de panela
krpa za lonac

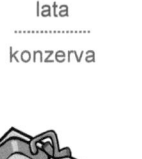

pia
sudoper

escova
četka

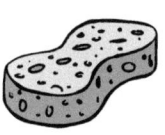

esponja
spužva

liquidificador
mikser

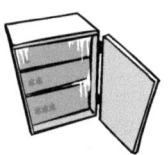

congelador
zamrzivač

mamadeira
bočica za bebe

torneira
slavina za vodu

banheiro
kupaonica

aquecimento
grijanje
ducha
tuš
toalha
ručnik
cortina de chuveiro
zavjesa za tuš
banho de espuma
pjenušava kupka
banheira
kada
copo
čaša
lava-roupa
perilica za rublje
torneira
slavina za vodu
azulejos
pločice
penico
dječja kahlica
pia
sudoper

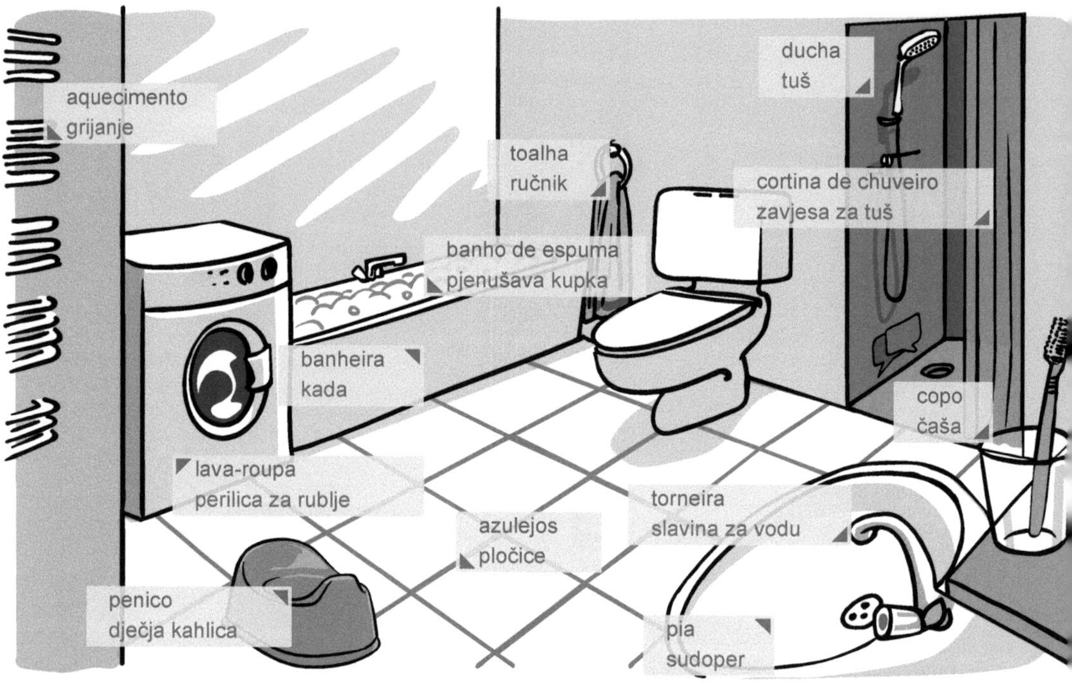

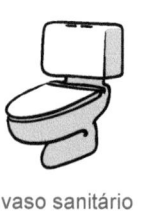

vaso sanitário

toalet

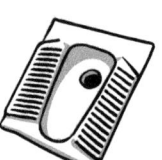

lavabo de agachar

čučavac

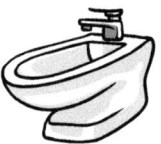

bidê

bidet

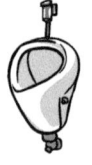

mictório

pisoar

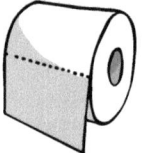

papel higiênico

papir za toalet

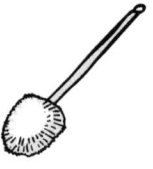

escova de privada

četka za toalet

escova de dentes

četkica za zube

pasta de dentes

pasta za zube

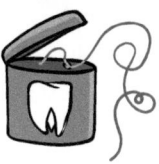

fio dental

konac za zube

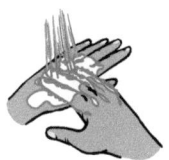

lavar

prati

ducha de mão

tuš ručica

ducha íntima

tuš za pranje intimnih dijelova

bacia

lavor

escova para as costas

četka za pranje leđa

sabonete

sapun

gel de banho

gel za tuširanje

xampu

šampon

toalha de rosto

krpa za pranje

escoamento

odvod

creme

krema

desodorante

dezodorans

espelho

ogledalo

espelho de mão

kozmetičko ogledalo

barbeador

brijač

espuma de barbear

pjena za brijanje

loção pós-barba

losion za poslije brijanja

pente

češalj

escova

četka

secador de cabelo

sušilo za kosu

spray de cabelo

sprej za kosu

maquiagem

makeup

batom

ruž za usne

esmalte de unhas

lak za nokte

algodão

vata

tesoura para unhas

škare za nokte

perfume

parfem

nécessaire

neseser

banquinho

stolica

balança

vaga

roupão de banho

ogrtač

luvas de borracha

rukavice za čišćenje

absorvente interno

tampon

absorvente íntimo

uložak

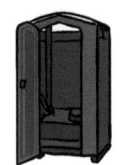

banheiro químico

kemijski toalet

quarto de criança
dječija soba

despertador
budilnik
boneco de pelúcia
plišana igračka
carrinho de brinquedo
auto igračka
chacoalho
zvečka
casa de bonecas
kućica za lutke
presente
poklon

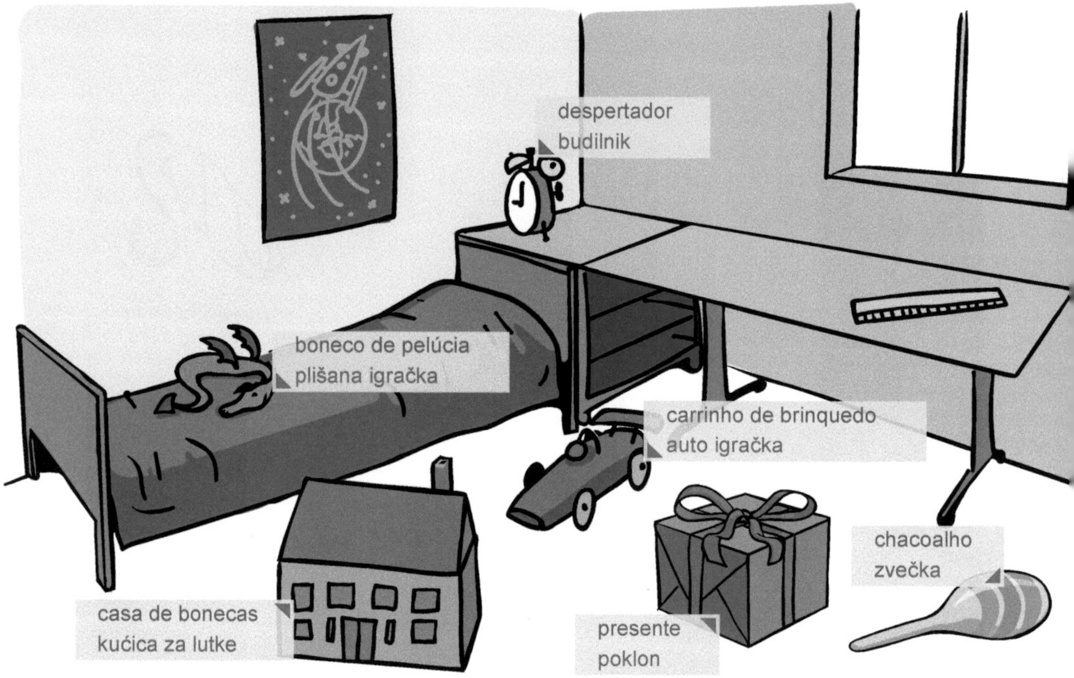

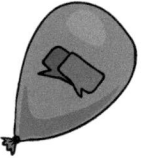

balão
balon

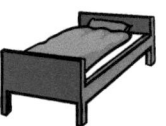

cama
krevet

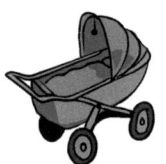

carrinho de bebê
dječija kolica

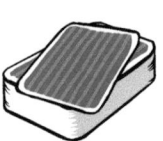

jogo de cartas
igra s kartama

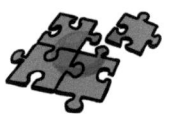

quebra-cabeças
slagalica

SUPER
MEGA

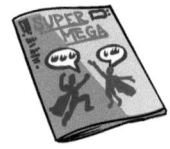

revista de quadrinhos
strip

peças de Lego

lego kockice

blocos de construção

kockice za slaganje

figura de ação

akcioni junak

macaquinho de bebê

kombinezon za bebe

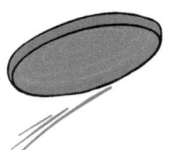

frisbee

frizbi

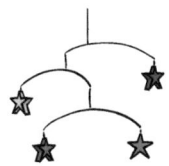

móbile para bebé

viseće igračke

jogo de tabuleiro

društvene igre

dados

kocka

trenzinho elétrico

minijaturna željeznica

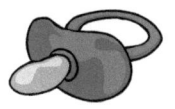

chupeta

duda

festa

tulum

livro ilustrado

slikovnica

bola

lopta

boneca

lutka

brincar

igrati

caixa de areia

pješčanik

balanço

ljuljačka

brinquedos

igračka

videogame

konzola za igre

triciclo

tricikl

ursinho de pelúcia

plišani medo

guarda-roupa

ormar

vestuário

odjeća

meias

kratke čarape

meias pelo joelho

čarape

meias-calças

hulahopke

cachecol
šal

guarda-chuva
kišobran

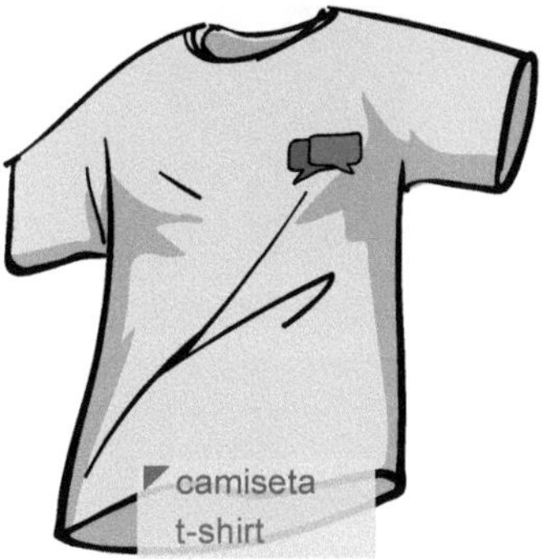

cinto
kaiš

camiseta
t-shirt

botas
čizme

chinelos
papuče

tênis
patike

sandálias
....
sandale

sapatos
....
cipele

botas de borracha
....
gumene čizme

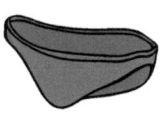

roupa de baixo
....
gaćice

sutiã
....
grudnjak

camiseta de baixo
....
potkošulja

body
bodi

calças
hlače

jeans
džins

saia
haljina

blusa
bluza

camisa
košulja

pulôver
džemper

suéter com capuz
pulover s kapuljačom

blazer
blejzer

jaqueta
jakna

casaco
kaput

gabardine
kabanica

traje
kostim

vestido
haljina

vestido de casamento
vjenčanica

terno
odijelo

camisola
spavaćica

pijama
pidžama

sari
sari

lenço de cabeça
rubac

turbante
turban

burca
burka

cafetã
kaftan

abaya
abaja

maiô
kupaći kostim

sunga
kupaće gaćice

shorts
kratke hlače

roupa de treino
odjeća za trening

avental
pregača

luvas
rukavice

botão
gumb

óculos
naočale

pulseira
narukvica

colar
ogrlica

anel
prsten

brinco
naušnica

boné
kapa

cabide
vješalica

chapéu
šešir

gravata
kravata

zíper
patent zatvarač

capacete
kaciga

suspensórios
naramenice

uniforme escolar
školska uniforma

uniforme
uniforma

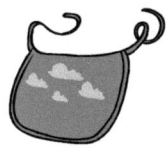

babador

podbradak

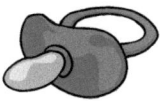

chupeta

duda

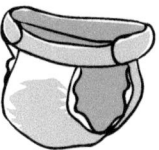

fralda

pelena

escritório
ured

servidor
server
armário de arquivos
ormar za spise
impressora
pisač
papel
papir
monitor
monitor
mouse
miš
escrivaninha
pisaći stol
pasta
mapa
teclado
tipkovnica
cesto de lixo
košara za papir
computador
računar
cadeira
stolica

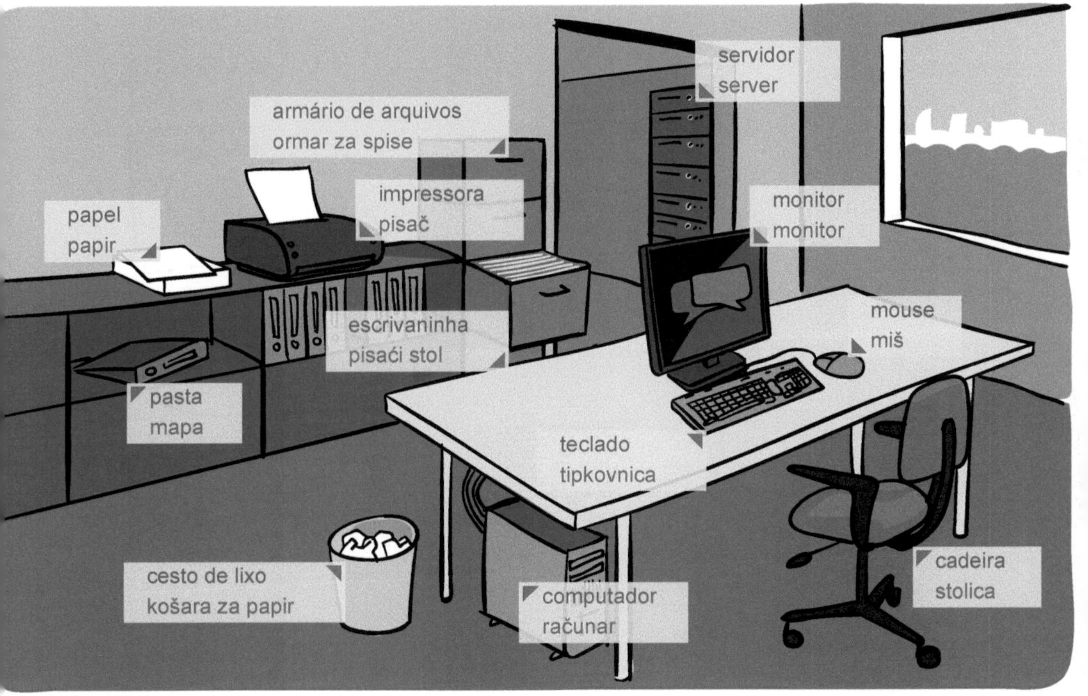

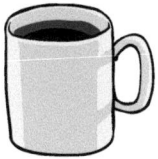

xícara de café

šalica za kavu

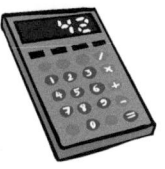

calculadora

kalkulator

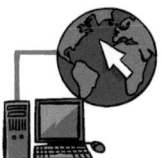

internet

internet

laptop
laptop

carta
pismo

mensagem
poruka

celular
mobilni telefon

rede
mreža

copiadora
uređaj za kopiranje

software
softver

telefone
telefon

tomada
utičnica

fax
faks

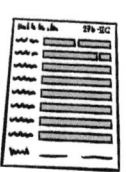

formulário
obrazac

documento
dokument

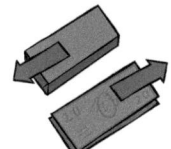

comprar

kupovati

pagar

platiti

negociar

trgovati

dinheiro

novac

Dólar

dolar

Euro

euro

Yen

jen

rublo

rubalj

franco suíço

švicarski franak

renminbi yuan

renmindbi yuan

rupia

rupija

caixa eletrônico

automat za novac

casa de câmbio

mjenjačnica

ouro

zlato

prata

srebro

petróleo

nafta

energia

energija

preço

cijena

contrato

ugovor

imposto

porez

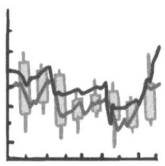

ação

dionica

trabalhar

raditi

empregado

službenik

empregador

poslodavac

fábrica

tvornica

loja

prodavaonica

profissões
zanimanja

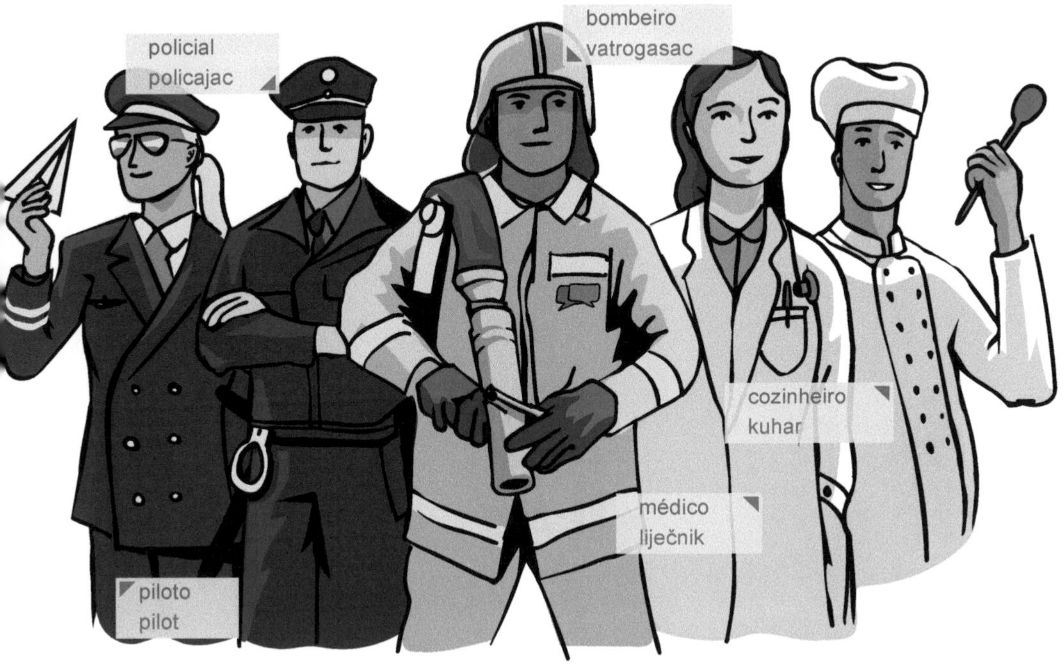
policial
policajac
bombeiro
vatrogasac
cozinheiro
kuhar
médico
liječnik
piloto
pilot

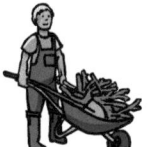

jardineiro

vrtlar

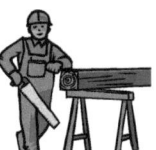

marceneiro

stolar

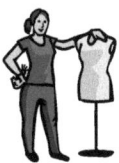

costureira

krojačica

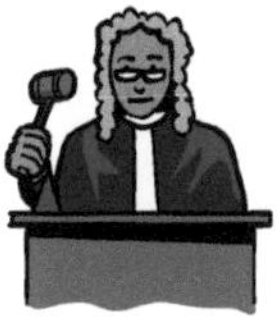

juiz

sudija

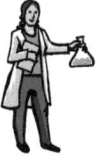

químico

kemičar

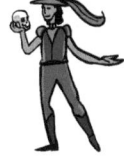

ator

glumac

motorista de ônibus

vozač autobusa

motorista de táxi

vozač taksija

pescador

ribar

faxineira

čistačica

telhador

krovopokrivač

garçom

konobar

caçador

lovac

pintor

slikar

padeiro

pekar

eletricista

električar

construtor

građevinski radnik

engenheiro

inženjer

açougueiro

mesar

encanador

limar

carteiro

poštar

soldado

vojnik

arquiteto

arhitekta

caixa

blagajnik

florista

cvjećar

cabelereiro

frizer

condutor

kondukter

mecânico

mehaničar

capitão

kapetan

dentista

zubar

cientista

znanstvenik

rabino

rabi

imam

imam

monge

monah

pastor

svećenik

ferramentas
alati

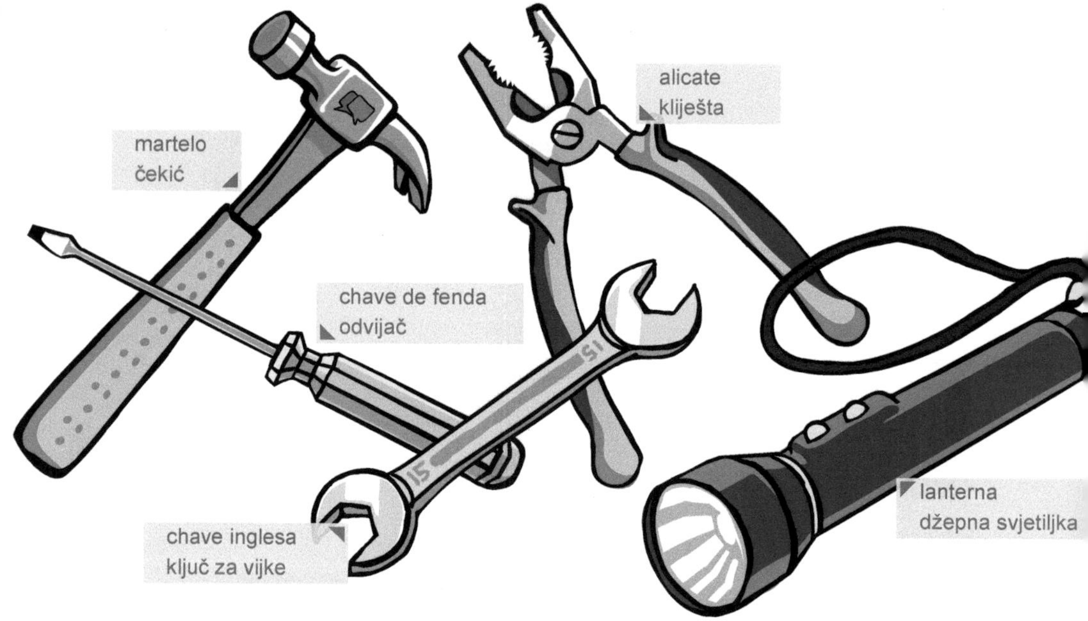

martelo
čekić
alicate
kliješta
chave de fenda
odvijač
chave inglesa
ključ za vijke
lanterna
džepna svjetiljka

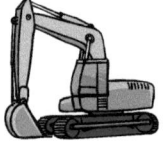

escavadora

rovokopač

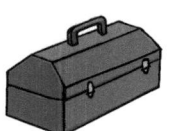

caixa de ferramentas

kutija za alat

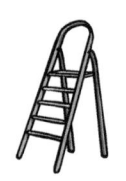

escada de mão

ljestve

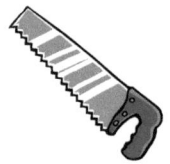

serra

pila

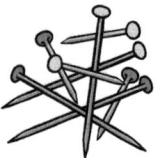

pregos

ekser

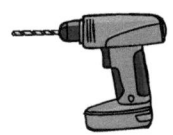

furadeira

bušilica

consertar
popraviti

pá
lopata

Droga!
Sranje!

pá de lixo
lopatica

pote de tinta
lonac za boju

parafusos
vijci

instrumentos musicais
glazbeni instrument

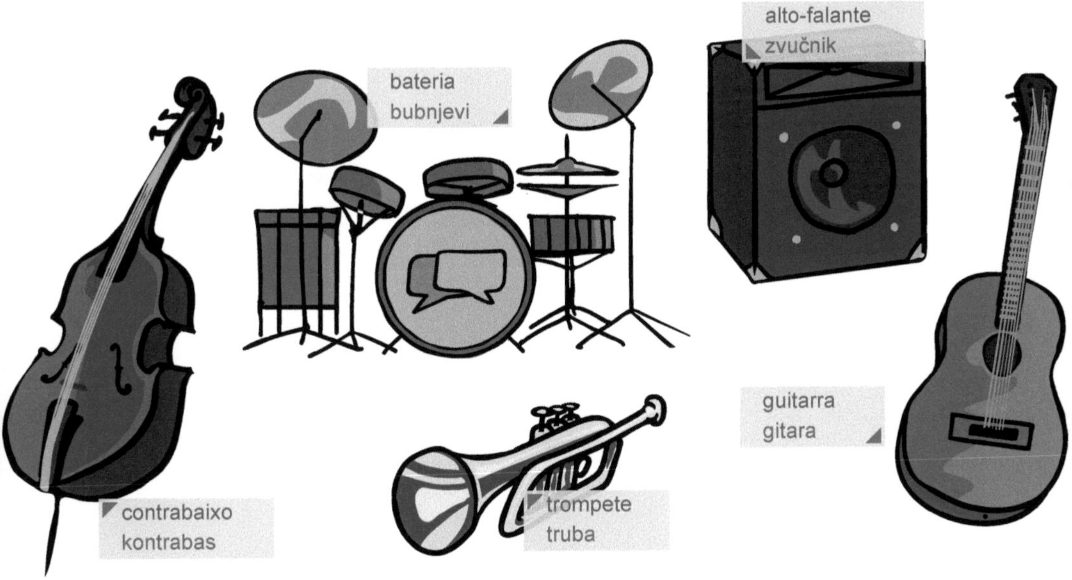

alto-falante
zvučnik

bateria
bubnjevi

guitarra
gitara

contrabaixo
kontrabas

trompete
truba

piano

klavir

violino

violina

baixo

bas

timbales

timpani

tambor

udaraljke za bubnjeve

teclado

keyboard

saxofone

saksofon

flauta

flauta

microfone

mikrofon

instrumentos musicais - glazbeni instrument

zoológico

zoološki vrt

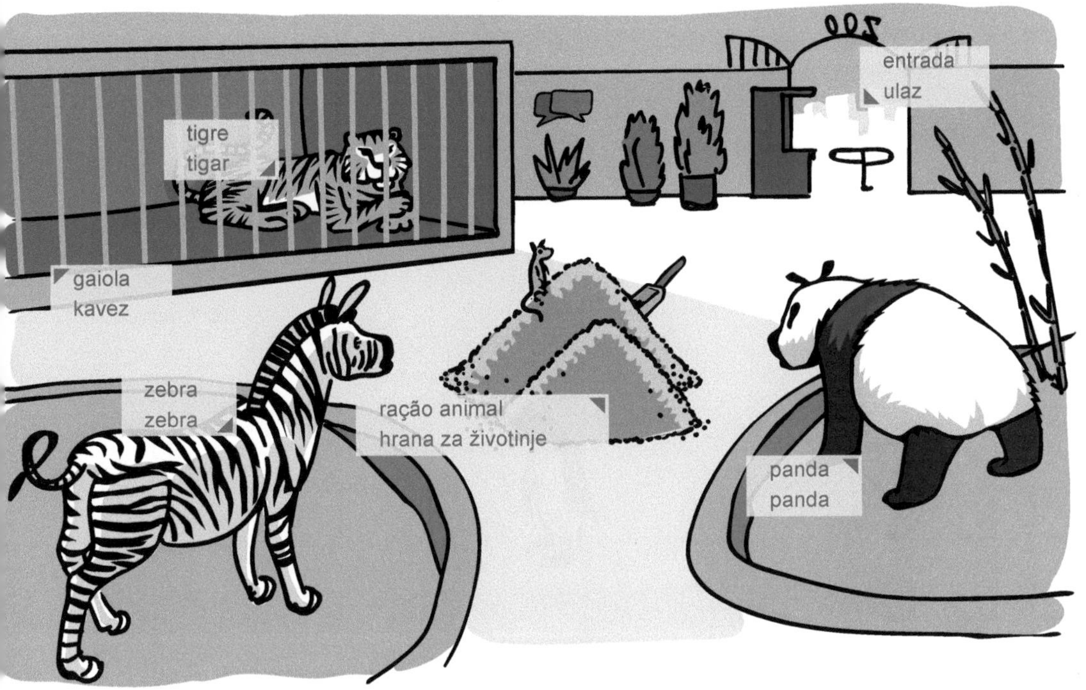

tigre
tigar
entrada
ulaz
gaiola
kavez
zebra
zebra
ração animal
hrana za životinje
panda
panda

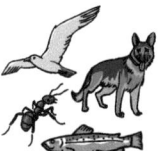

animais

životinje

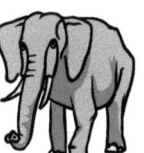

elefante

slon

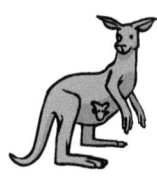

canguru

kengur

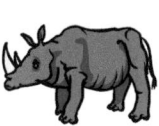

rinoceronte

nosorog

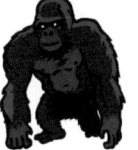

gorila

gorila

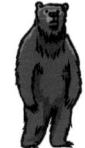

urso

medvjed

camelo

kamila

avestruz

noj

leão

lav

macaco

majmun

flamingo

flamingo

papagaio

papagaj

urso polar

polarni medvjed

pinguim

pingvin

tubarão

ajkula

pavão

paun

cobra

zmija

crocodilo

krokodil

guarda do zoológico

čuvar u zoološkom vrtu

foca

tuljan

jaguar

jaguar

pônei

poni

leopardo

leopard

hipopótamo

nilski konj

girafa

žirafa

águia

orao

javali

divlja svinja

peixe

riba

tartaruga

kornjača

morsa

morž

raposa

lisica

gazela

gazela

zoológico - zoološki vrt

futebol americano
americki nogomet

ciclismo
biciklizam

tênis
tenis

basquete
košarka

natação
plivanje

boxe
boks

hóquei no gelo
hockey na ledu

futebol

nogomet

badminton

badminton

atletismo

atletika

handebol

rukomet

esqui

skijanje

polo

polo

atividades
aktivnosti

rir
smijati se
pular
skočiti
abraçar
zagrliti
andar
ići
cantar
pjevati
sonhar
sanjati
rezar
moliti se
beijar
poljubiti

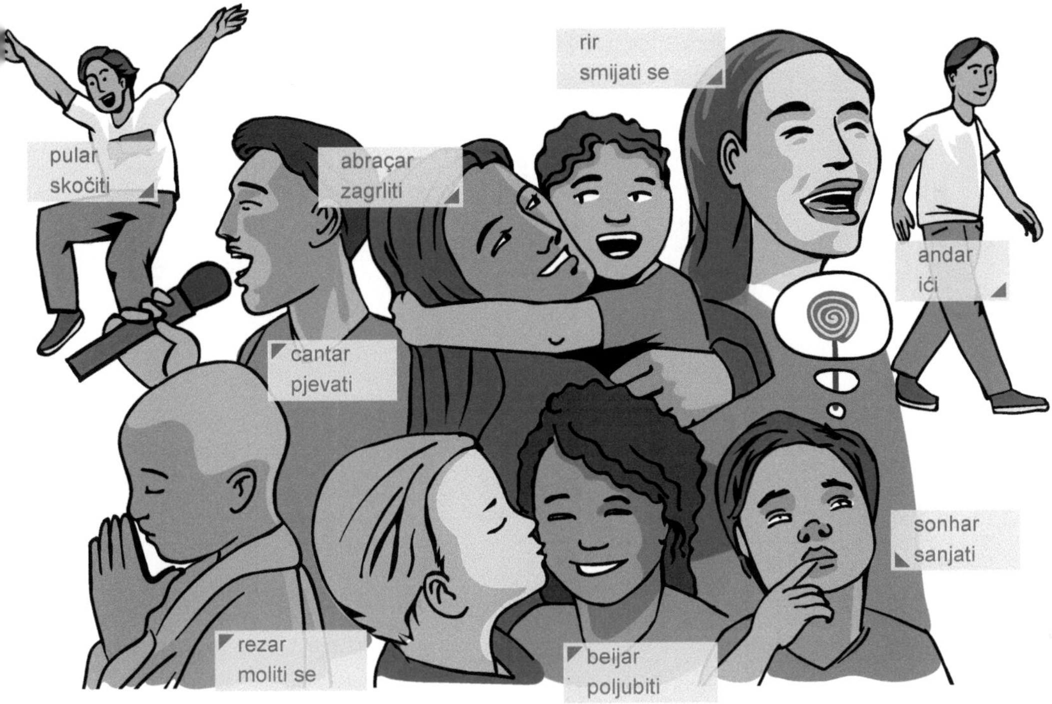

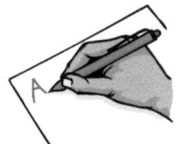

escrever

pisati

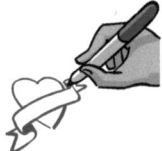

desenhar

crtati

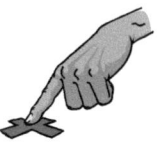

mostrar

pokazati

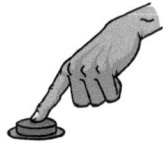

empurrar

gurati

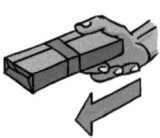

dar

dati

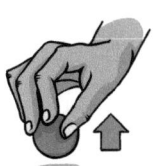

tomar

uzeti

ter
imati

fazer
činiti

ser
biti

ficar de pé
stojati

correr
trčati

puxar
povlačiti

jogar
baciti

cair
padati

deitar
ležati

esperar
čekati

carregar
nositi

sentar
sjediti

vestir
oblačiti

dormir
spavati

despertar
probuditi se

olhar para

gledati

chorar

plakati

acariciar

milovati

pentear

češljati

falar

govoriti

entender

razumjeti

perguntar

pitati

ouvir

slušati

beber

piti

comer

jesti

arrumar

pospremiti

amar

voljeti

cozinhar

kuhati

dirigir

voziti

voar

letjeti

velejar

ploviti

calcular

računati

ler

čitati

aprender

učiti

trabalhar

raditi

casar

vjenčati se

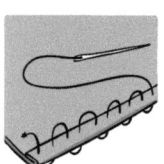

costurar

šiti

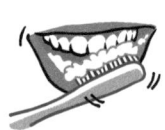

escovar os dentes

prati zube

matar

ubiti

fumar

pušiti

enviar

poslati

avó
baka

avô
djed

pai
otac

mãe
majka

bebê
beba

filha
kćerka

filho
sin

convidado
....
gost

tia
....
tetka

tio
....
ujak, stric

irmão
....
brat

irmã
....
sestra

corpo
tijelo

testa
čelo
olho
oko
ombro
rame
dedo
prst
rosto
lice
queixo
brada
mão
ruka
perna
noga
peito
grudi
braço
ruka

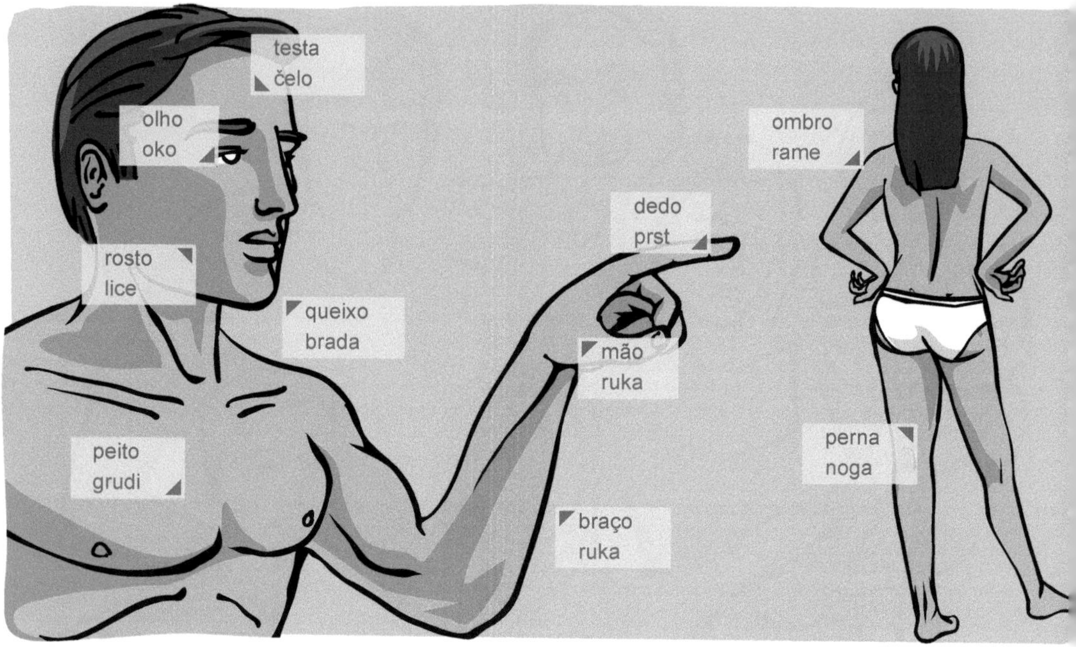

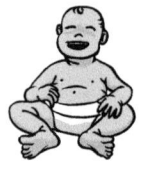

bebê

beba

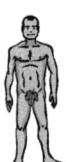

homem

muškarac

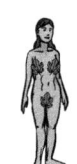

mulher

žena

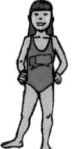

menina

djevojčica

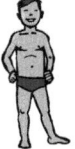

menino

dječak

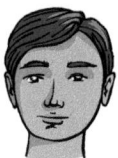

cabeça

glava

costas
leđa

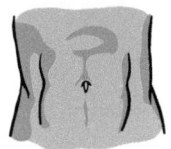

barriga
trbuh

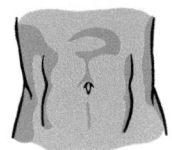

umbigo
pupak

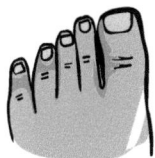

dedo do pé
nožni prst

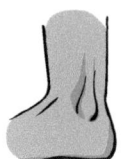

calcanhar
peta

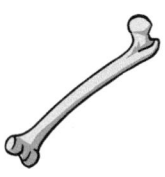

osso
kost

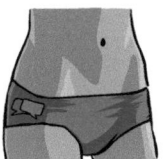

anca
kuk

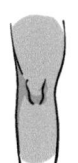

joelho
koljeno

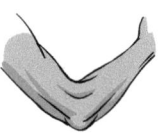

cotovelo
lakat

nariz
nos

nádegas
stražnjica

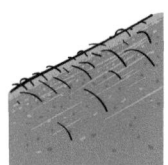

pele
koža

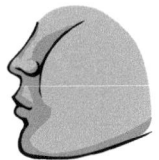

bochecha
obraz

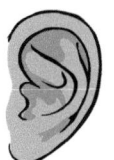

orelha
uho

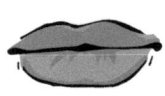

lábio
usna

corpo - tijelo

boca

usta

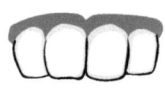

dente

zub

língua

jezik

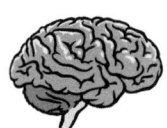

cérebro

mozak

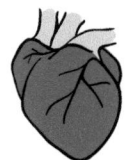

coração

srce

músculo

mišić

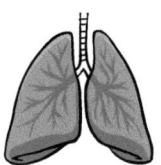

pulmão

pluća

fígado

jetra

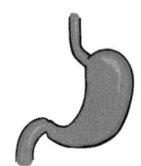

estômago

želudac

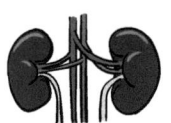

rins

bubrezi

relações sexuais

snošaj

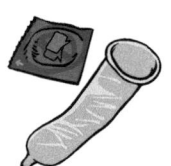

preservativo

kondom

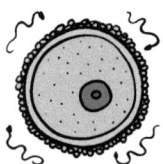

óvulo

jajna stanica

esperma

sperma

gravidez

trudnoća

corpo - tijelo

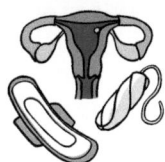

menstruação

menstruacija

vagina

vagina

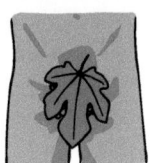

pênis

penis

sobrancelha

obrva

cabelo

kosa

pescoço

vrat

hospital
bolnica

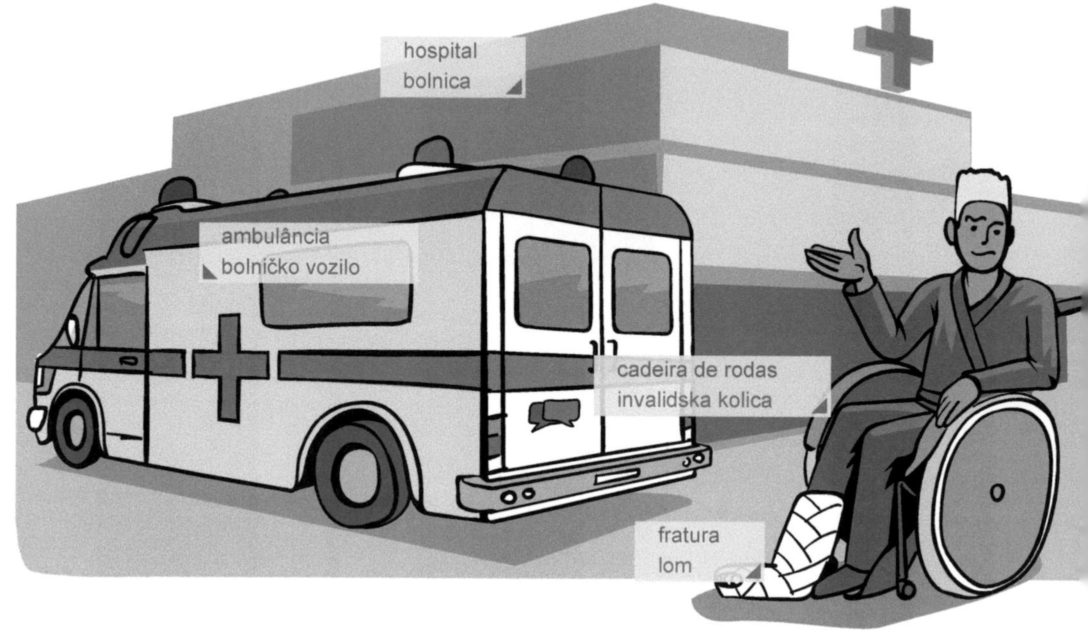
hospital
bolnica
ambulância
bolničko vozilo
cadeira de rodas
invalidska kolica
fratura
lom

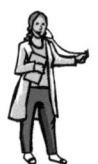

médico

liječnik

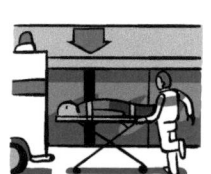

pronto-socorro

hitna medicinska služba

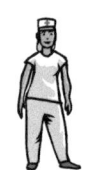

enfermeira

medicinska sestra

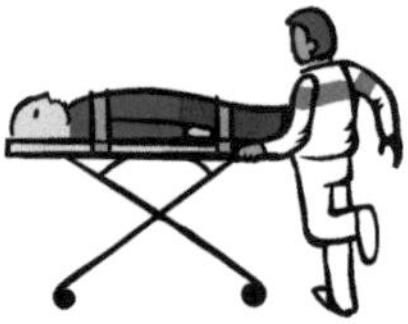

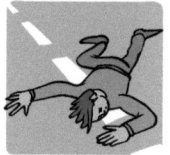

emergência

hitni slučaj

inconsciente

nesvijest

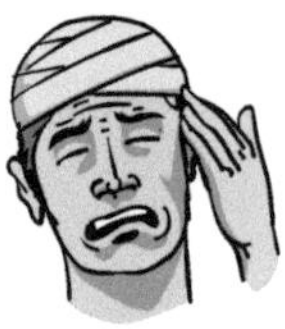

dor

bol

ferimento

ozljeda

hemorragia

krvarenje

ataque cardíaco

srćani infarkt

acidente vacular cerebral

moždani udar

alergia

alergija

tosse

kašalj

febre

groznica

gripe

gripa

diarreia

proljev

dor de cabeça

glavobolja

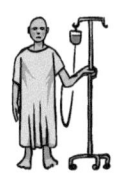

câncer

rak

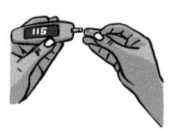

diabetes

dijabetes

cirurgião

kirurg

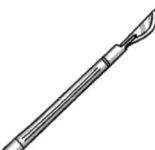

bisturi

skalpel

operação

operacija

CT
ct

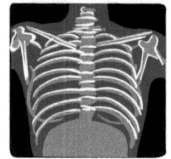

raio x
rentgen

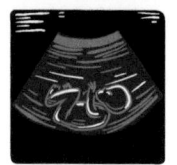

ultrassom
ultrazvuk

máscara
maska

doença
bolest

sala de espera
čekaonica

muleta
štaka

bandeide
flaster

ligadura
zavoj

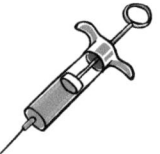

injeção
injekcija

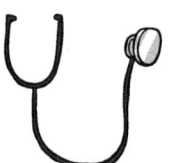

estetoscópio
stetoskop

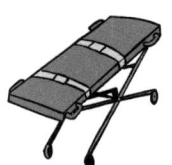

maca
nosilo

termômetro
termometar

nascimento
rođenje

excesso de peso
prekomjerna težina

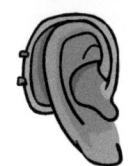

aparelho auditivo

slušni aparat

desinfetante

sredstvo za dezinfekciju

infecção

infekcija

vírus

virus

HIV / AIDS

hiv / sida

medicamento

medicina

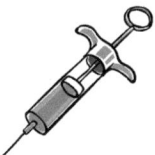

vacinação

vakcinacija

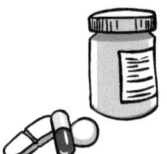

comprimidos

tablete

pílula

pilula

chamada de emergência

poziv u pomoć

dispositivo de medição de
pressão arterial

uređaj za mjerenje tlaka

doente / saudável

bolesno / zdravo

hospital - bolnica

Socorro!

pomoć!

alarme

alarm

assalto

nasrtaj

ataque

napad

perigo

opasnost

saída de emergência

izlaz za nuždu

Fogo!

požar!

extintor de incêndios

vatrogasni aparat

acidente

nezgoda

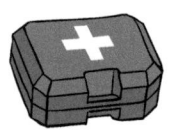

maleta de primeiros socorros

kofer prve pomoći

SOS

sos

polícia

policija

Europa

Europa

América do Norte

sjeverna amerika

América do Sul

južna amerika

África

Afrika

Ásia

Azija

Austrália

Australija

Atlântico

Atlantik

Pacífico

Pacifik

Oceano Índico

ocean

Oceano Antártico

antarktički ocean

Oceano Ártico

arktički ocean

Polo Norte

sjeverni pol

Polo Sul

južni pol

Antártica

Antarktik

Terra

zemlja

terra

zemlja

mar

more

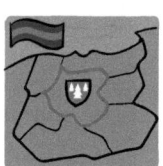

ilha

otok

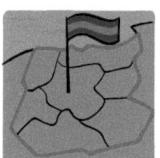

nação

nacija

estado

država

mostrador do relógio
brojčanik sata

ponteiro das horas
satna kazaljka

ponteiro dos minutos
minutna kazaljka

ponteiro dos segundos
sekundna kazaljka

Que horas são?
Koliko je sati?

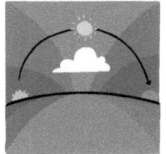

dia
dan

tempo
vrijeme

agora
sada

relógio digital
digitalni sat

minuto
minuta

hora
sat

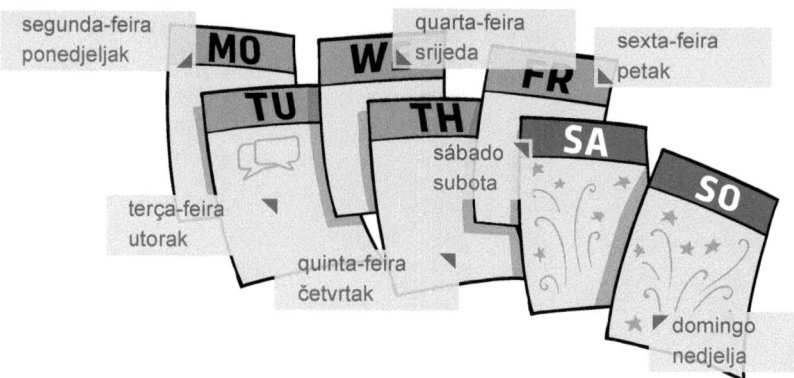

segunda-feira
ponedjeljak

quarta-feira
srijeda

sexta-feira
petak

terça-feira
utorak

sábado
subota

quinta-feira
četvrtak

domingo
nedjelja

ontem
jučer

hoje
danas

amanhã
sutra

manhã
jutro

meio-dia
podne

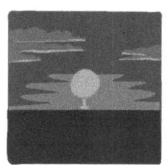

entardecer
večer

MO	TU	WE	TH	FR	SA	SU
1	2	3	4	5	6	7
8	9	10	11	12	13	14
15	16	17	18	19	20	21
22	23	24	25	26	27	28
29	30	31	1	2	3	4

dias úteis
radni dani

MO	TU	WE	TH	FR	SA	SU
1	2	3	4	5	6	7
8	9	10	11	12	13	14
15	16	17	18	19	20	21
22	23	24	25	26	27	28
29	30	31	1	2	3	4

fim de semana
vikend

ano
godina

chuva
kiša
arco-íris
duga
vento
vjetar
neve
snijeg
primavera
proljeće
verão
ljeto
outono
jesen
inverno
zima

4.APRIL 11°
5.APRIL 4°
6.APRIL 13°
7.APRIL 8°
8.APRIL 10°

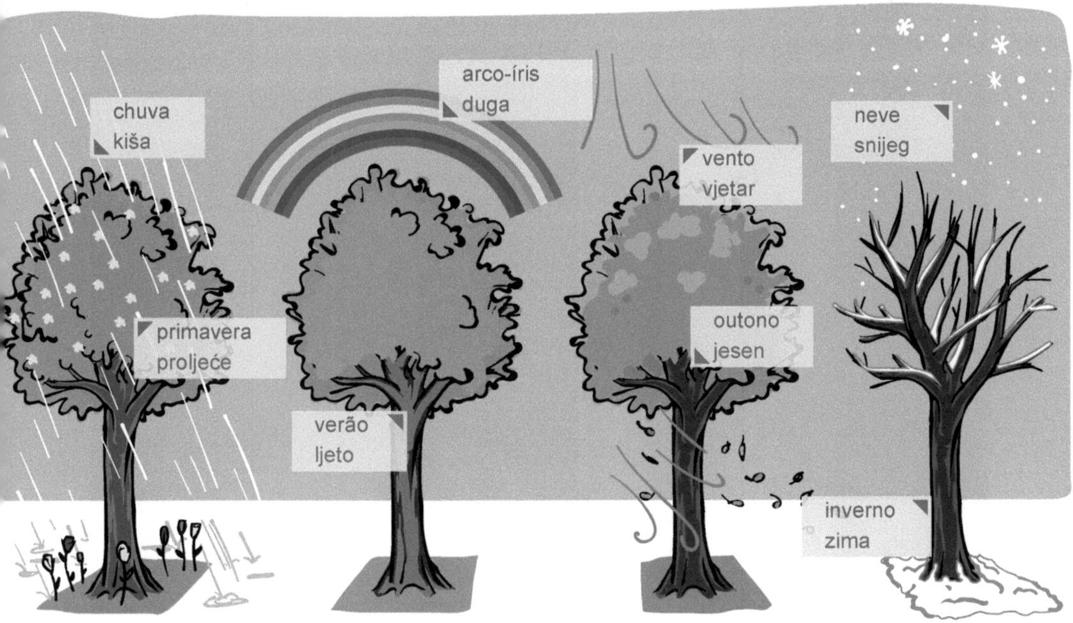

previsão do tempo

meteorološka prognoza

F
C
120
90
60
30
0
-30
40
30
20
10
0
-10
-20

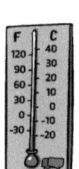

termômetro

termometar

raio de sol

sunčana svjetlost

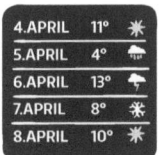

nuvem

oblak

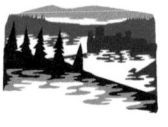

neblina / nevoeiro

magla

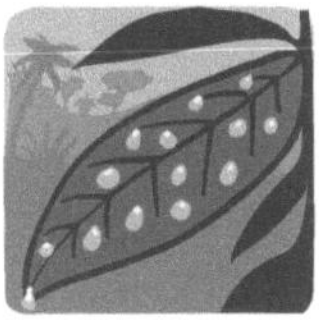

umidade do ar

vlažnost zraka

relâmpago

munja

trovão

grmljavina

tempestade

oluja

granizo

tuča

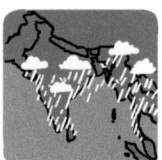

monção

monsun

inundação

poplava

gelo

led

janeiro

siječanj

fevereiro

veljača

março

ožujak

abril

travanj

maio

svibanj

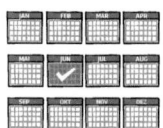

junho

lipanj

julho

srpanj

agosto

kolovoz

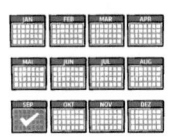

setembro
....
rujan

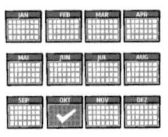

outubro
....
listopad

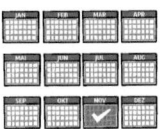

novembro
....
studeni

dezembro
....
prosinac

formas
oblici

círculo
....
krug

quadrado
....
kvadrat

retângulo
....
pravokutnik

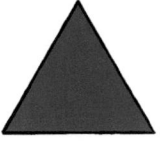

triângulo
....
trokut

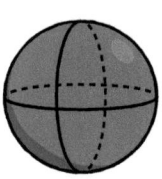

esfera
....
kugla

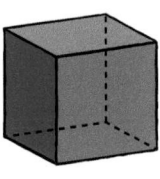

cubo
....
kocka

branco

bijela

amarelo

žuta

laranja

narančasta

rosa

ružičasta

vermelho

crvena

lilás

ljubičasta

azul

plava

verde

zelena

marrom

smeđa

cinza

siva

preto

crna

muito / pouco

mnogo / malo

furioso / tranquilo

ljutito / mirno

lindo / feio

lijepo / ružno

começo / fim

početak / kraj

grande / pequeno

veliko / maleno

claro / escuro

svijetlo / tamno

irmão / irmã

brat / sestra

limpo / sujo

čisto / prljavo

completo / incompleto

potpuno / nepotpuno

dia / noite

dan / noć

morto / vivo

mrtvo / živo

largo / estreito

široko / usko

comestível / não comestível

jestivo / nejestivo

mau / gentil

zlo / dobro

entusiasmado / entediado

uzbuđeno / dosadno

gordo / magro

debelo / mršavo

primeiro / último

na početku / na kraju

amigo / inimigo

prijatelj / neprijatelj

cheio / vazio

puno / prazno

duro / macio

tvrdo / mekano

pesado / leve

teško / lagano

fome / sede

glad / žeđ

doente / saudável

bolesno / zdravo

ilegal / legal

ilegalno / legalno

inteligente / idiota

pametno / glupo

esquerda / direita

lijevo / desno

perto / longe

blizu / daleko

novo / usado

novo / rabljeno

nada / alguma coisa

ništa / nešto

velho / jovem

staro / mlado

ligado / desligado

uključeno / isključeno

aberto / fechado

otvoreno / zatvoreno

baixo / alto

tiho / glasno

rico / pobre

bogato / siromašno

certo / errado

točno / pogrešno

áspero / liso

hrapavo / glatko

triste / feliz

tužno / sretno

curto / longo

kratko / dugo

lento / rápido

polako / brzo

molhado / seco

mokro / suho

ameno / fresco

toplo / hladno

guerra / paz

rat / mir

opostos - suprotnosti

0	**1**	**2**
zero	um	dois
nula	jedan	dva

3	**4**	**5**
três	quatro	cinco
tri	četiri	pet

6	**7**	**8**
seis	sete	oito
šest	sedam	osam

9	**10**	**11**
nove	dez	onze
devet	deset	jedanaest

12
doze
dvanaest

13
treze
trinaest

14
quatorze
četrnaest

15
quinze
petnaest

16
dezesseis
šestnaest

17
dezessete
sedamnaest

18
dezoito
osamnaest

19
dezenove
devetnaest

20
vinte
dvadeset

100
cem
stotinu

1.000
mil
tisuću

1.000.000
milhão
milijun

inglês

engleski

inglês americano

američko engleski

chinês mandarim

kinesko mandarinski

hindi

hindi

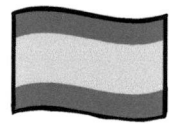

espanhol

španjolski

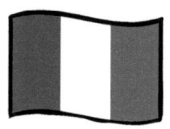

francês

francuski

árabe

arapski

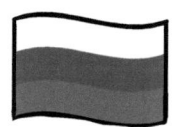

russo

ruski

português

portugalski

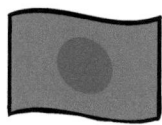

bengalês

bengalski

alemão

njemački

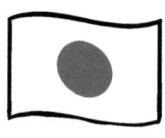

japonês

japanski

eu
ja

você
ti

ele / ela
on / ona / ono

nós
mi

vocês
vi

eles / elas
oni

quem?
tko?

O quê?
što?

como?
kako?

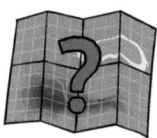

onde?
gdje?

Quando?
kada?

nome
ime

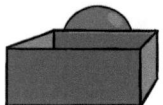

atrás

iza

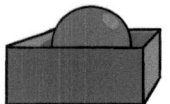

em

u

na frente de

ispred

sobre

preko

em cima

na

debaixo

ispod

do lado

pored

entre

između

lugar

mjesto